電通マン36人に教わった36通りの「鬼」気くばり

ホイチョイ・プロダクションズ

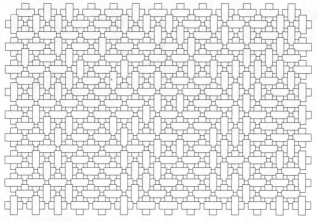

講談社＋α文庫
プラスアルファ

目次

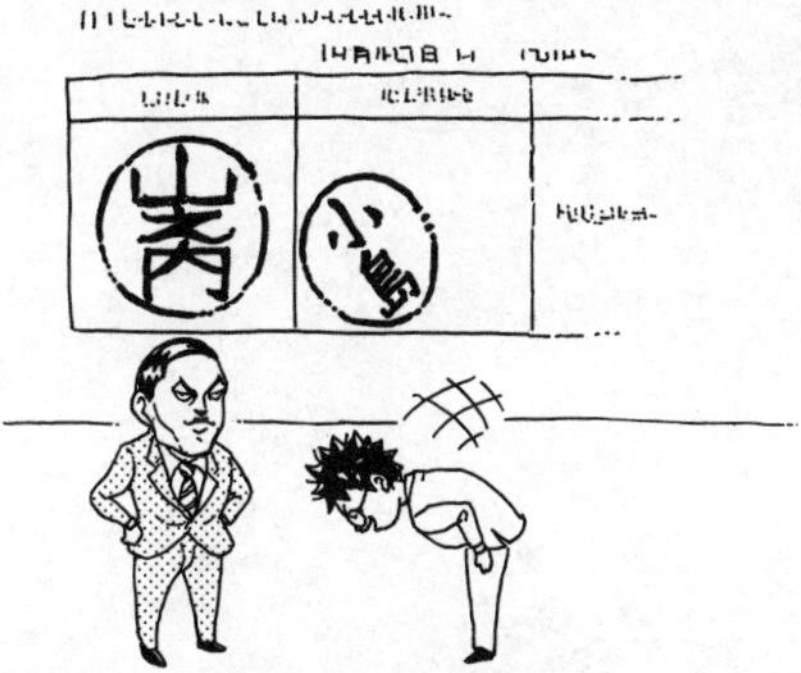
小島

「戦略気くばり」とは何か

忙しい有能な人間ほど、露骨なおべっかに弱い

まずは、みなさんよくご存じの**木下藤吉郎**（後の豊臣秀吉）若き日のエピソードから。

しんしんと冷え込む冬の夜、尾張《おわり》の国主・織田信長が外出しようとしてゾウリに足を入れると、肌触りが妙に温かい。「さては、従者が尻がこごえるのを防ぐために下に敷いていたな」と思い、控えていた部下の藤吉郎を呼びつけて叱ると、藤吉郎は「尻に敷いてなどおりません。おみ足が冷たかろうと、懐《ふところ》で温めておりました」と必死で弁明する。信長が「ウソをつくな！」と襟元を摑《つか》むと、胸にくっきりゾウリのハナ緒の跡。信長は、その気くばりに感心し、これが藤吉郎の出世のキッカケになったという。

ホカ
ホカ
ホカ

日本人なら誰もが一度は聞かされたエピソードだ。きっとあなたも、耳にしたことがおありだろう。

このとき、木下藤吉郎21歳。信長に仕えて3年目。出世の芽が出るか、それとも一生うだつの上がらぬゾウリ番のままか、の境目である。そんな状況で、子供の頃から己の才覚一つで戦国の世を渡り歩いてきた藤吉郎が、ただ主君に寒い思いをさせたくないという奉仕の一心でゾウリを温めていたとは到底思えない。彼の気くばりには、必ず目的があったはずだ。主君の歓心を買って、早く出世したい、という明確な目的が……。

秀吉だけではない。彼の部下、**石田三成**にも同様のエピソードがある。

長浜城主時代の秀吉が、鷹狩りの帰りにノドの渇きを覚え、通りがかりの寺に寄って飲み物を求めたときのこと。応対に出た少年（後の石田三成）は、ま

① ぬるい
② やや熱い
③ 熱々

ず初めに、大きな茶碗にぬるい茶をなみなみと注いで出してきた。茶碗の茶を一気に飲み干した秀吉がおかわりを注文すると、少年は、最初のよりやや小さめの碗にやや熱めの茶を淹《い》れて出してきた。その違いに興味を持った秀吉が、試しにもう一杯注文すると、少年はさらに小さな碗に熱々の茶を淹れて出した。相手のノドの渇きに応じて茶の温度と量を変える、その気くばりに感心した秀吉は、少年を城に連れて帰り、家来としたという。

二つの事例は、どちらも、目上の者に対するわかりやすいおべっかである。現代の若者は、「おべっかなんて、能力のないダメ人間にしか通用しないまやかしの技術だ」という誤った認識を持っているが、では、信長や秀吉は、ダメ人間だったか？　とんでもない、日本史上、最も能力の高い2人だ。その2人が、ベタベタなおべっか使いに目をかけ、登用したという歴史的事実に、われわれはもっと注目していい。

いつの時代も、信長や秀吉のような能力の高い人間には、大きな仕事が集中する。彼らにはやるべきことがたくさんある。だから常に忙しい。忙しいゆえ、すぐに自分の助けとなる即効性のあるサービスを常に必要としている。だから有能な人間は、「即効性のあるサービス」、つまり「露骨なおべっか」に弱い。有能であればあるほど、弱い。弱いというより、その価値を知っている。

信長や秀吉には、「私は、主君を思う心では他の誰にも負けない」などという曖《あい》昧《まい》な「キモチ」は通用しない。そんな「キモチ」を汲《く》んでいるほど、彼らはヒマではない。

「あの人は優秀だから、きっと他の人が気づかない自分のよさに気づいてくれるだろう」などと期待するのは、仕事のできない部下の甘い幻想である。

優秀な上司は、目の前に山積した大仕事に意識を集中させている。小事を見る余裕などない。そんな人間には、彼自身の助けとなる、即効性のあるサービスしか伝わらない。優秀な上司は、そうしたリアルなサービスを瞬時に行ってくれる人間しか評価しないし、優秀な部下はそのことを知っている。優秀な部下は、やがて優秀な上司となり、優秀な部下を見つけて、重用《ちょうよう》する。信長のゾウリを温めて偉くなった秀吉が、温度の違う茶を3回出した三成を重用したのは、そういうことだ。

こうした、能力の高い人のハートに刺さる、わかりやすいリアルなサービスを、仮に「戦略おべっか」と呼ぶことにしよう。「おべっか」という言葉が嫌なら「気くばり」と言い換えてもいい。「戦略気くばり」ができる人とできない人とでは、出世や収入が違う。それは何も戦国の世に限った話ではない。

近代文明は、人間を、頭を使わない単調な労働から解放したが、その一方で、より高度な判断力を必要とする複雑な頭脳労働が一部の優秀な人間に集中し、彼らにインプットされるべき情報量が飛躍的に増大する、という偏《かたよ》りを生み出した。現代の有能なビジネスマンは、戦国武将以上に多忙である。だからこそ、彼らの無言の欲求を汲んで、すばやく対応し、彼らの負担を軽減してやる気くばりは、戦国時代以上に必要とされているのだ。

気くばり一つで、ビッグ・プロジェクトを成功させた男

ビジネス社会で、「気くばり」が成功を生んだ事例を見てみよう。

現代の広告業界で気くばりの達人と評された人物の一人に、日本初の民間放送を興《おこ》し、プロ野球パシフィック・リーグの創設の立て役者となった、**小谷正一**《こたにまさかず》（1912〜1992）がいる。小谷正一（通称こたに しょういち）は、気くばり一つで人々の心を掴み、数々のビッグ・プロジェクトを成功に導いた伝説の名プロデューサーだが、彼の気くばりの中でも最も有名なのが、この話だ。

1955年、小谷正一が、有楽町で『ビデオホール』というラジオ放送番組

収録用ホールを経営していたときのこと。小谷は、ホールの名を世間に認知させるため、フランスからパントマイムの第一人者マルセル・マルソーを招き、公演を行った。このとき小谷は、夫に同伴して日本にやって来たマルソー夫人のお世話役の部下に、こう命じた。

「女性がショッピングするとき、二つの商品を手にして、どちらを買おうか迷うときが必ずある。マルソー夫人が迷って買わなかった方の物が何だったか、全部記録してこい」

部下は小谷の命令を忠実に守り、夫人が何を買って何を買わなかったかを仔細に報告した。その報告を受けた小谷は、マルソー夫妻が羽田を発つとき、大きな箱に、夫人が迷って買わなかった方の商品をまとめて入れて、プレゼントした。

女性が最後まで迷ったというのは、その商品を気に入った証拠である。中には、あちらを買えばよかった、と後悔したものもあったに違いない。小谷正一はそれを全部買って夫人に贈ったのだ。マルソー夫人が大喜びしたことは言うまでもない。

その様子を見ていたマルソーは、「コタニの招きなら、いつでも日本に来る」と言い残して日本を去ったという。

小谷正一は、1960年、電通社長の吉田秀雄に誘われ、ラテ局長として電通に入社しているが、その電通時代の小谷の部下に、ディズニーランドの日本誘致を賭けて三菱地所と三井不動産が、ディズニー・プロダクションズの幹部に対して行った史上最大の競合プレゼンテーションで、三井側を勝利に導いた**堀貞一郎**《ほりていいちろう》（1929〜2014）がいる。

1974年12月、帝国ホテルを舞台に行われたこのプレゼンで、堀がディズニー幹部に対して見せた気くばりは、今も語り草になっている。

堀は、プレゼンの成功のカギは移動にあると睨《にら》んでいた。ライバルの三菱地所が提案している富士の裾野の土地は、少なく見積もっても東京から100キロは離れている。帝国ホテルから富士の麓《ふもと》までバスで連れて行かれたディズニー幹部は、移動距離の長さにウンザリさせられたはずだ。三井が提案する浦安までの体感移動時間を短く感じさせられたら、ことは有利に運ぶに違いない。

そのために、堀は、ディズニー幹部の昼食をバスの中で出すことを思いついた。都心の道路が空《す》く正午〜13時の昼食時を移動に充てない手はないし、車中で食事をしていれば、時間も短く感じられるだろう、という読みである。堀は、当時、東京でも珍しかったサロン・バスを用意し、車内には艶《あで》やかな振袖姿のコンパニオンを2人乗せた。

「お飲み物は何にいたしましょう。遠慮なくご注文ください。何でもございますから」と、振り袖姿の美女が、バスに乗ったディズニー幹部6人の食前酒の注文を取って回った。

何でもございます、と言われても、見わたせば、車内には小さな冷蔵庫が一つあるだけだ。ディズニー・プロダクションズの法務担当副社長のロン・ケイヨが訝《いぶか》しげに訊《たず》ねた。

「本当に何でも？」

「はい、何なりと」

「では、ブラディメアリーを。ウォッカはストリチナヤで」

振り袖の美女は、小さな冷蔵庫からトマトジュースと、ストリチナヤのウォッカをにこやかに取り出し、器用にブラディメアリーを作ってみせた。

ペリエ、ペプシコーラ、スミノフのウォッカ・トニック——ディズニー経営陣が次々に注文する飲み物が、すべて小さな冷蔵庫の中から取り出されていった。

この魔法に一同は仰天した。

「あれはアイスボックスじゃなくて、マジックボックスだ」とロン・ケイヨが呟《つぶや》いた。

もちろんこのマジックにはタネがあった。三井はロサンゼルスのジャック・ホワイトハウスというPRマンに、ディズニーの幹部が昼食やパーティーの席で日頃どんな食前酒を飲んでいるかについて、事前に詳細なリポートを送らせていた。堀はそのリポートを分析し、各人の注文が最大3パターンしかなく、しかもその多くはダブっていることを掴んでおり、そのおかげで小さな冷蔵庫にすべてを詰め込むことができたのだ。

こうした堀の細かな気くばりにディズニー幹部が感心し、この会社ならディズニーランドを任せても安心だろうと判断したおかげで、三井が提案する浦安にディズニーランドが誕生したのである。

プライドは高く、腰は低く

小谷正一と堀貞一郎の共通の上司で、戦後の困難な時期に電通社長を務め、同社を世界最大の広告代理店に育て上げた**吉田秀雄**《よしだひでお》（1903〜1963）もまた、気くばりの達人だった。

吉田が得意先を接待する際は、必ず靴を脱いであがる料亭に連れて行き、その店になじみの靴屋を密かに招いておいて、食事の間に客の靴の寸法をこっそり計らせ、数日後に、その人の足にピッタリのサイズの靴をプレゼントして、相手を驚かせた、という。

また銀座の旧電通通りの裏には、吉田が人に贈るプレゼントの売り上げだけで生計を立てる洋品店があったそうだし、吉田が得意先や部下にプレゼントしたゴルフバッグは、生涯で1000個を超える、とも言われる。

だが、吉田の気くばりの奥深さについては、彼の一周忌に際し、前出の小谷正一が残した文章をお読みいただくのが一番適当だろう。少し長くなるが、原文のまま引用しておく。文中の「僕」は、小谷正一である。

広告の鬼が仏になって一周忌の日、僕は吉田邸に線香をあげに行って、未亡人とよもやま話をした折、

「ご主人は、ガンであることを知っておられたのですか」

と、ぶしつけなことを訊ねてみた。

「いいえ、私どもは最期まで知らせませんでした。ですが……」

と一寸言葉がにごって、未亡人が付け足されたのは、勘の鋭い人だったから、あるいは知っていたのではないかと思われるふしがあるということなので、そのわけを訊ねたら、つぎのような話をされた。

何でも亡くなる一ヵ月ほど前、突然、応接間にある大きな自分の机を病室の

廊下へ持って来い、と命じたということである。夫人がわけを訊《き》くと「勉強するんだ」と言うだけで、どうせ言い出したらきかない性分だから、みんなで机を廊下へ移動させたが、別に勉強する様子はなく、第一、痛みが加わるばかりで、もはや書見どころの状態ではなかった。考えあわせた未亡人の結論はこうである。自分はもはや助からぬ。お通夜のとき、応接間は弔問客《ちょうもんきゃく》でごった返すだろう。あんなでかい机があったら邪魔になるだけだ。

自分がいなくなった夜、人さまに少しでも不快な思いをさせたくないと心を配っていた形跡。たしかにそうであろう。心と心のコミュニケーションを誰よりも大切にした人物は、自分が息絶えた夜のお客様にもサービスごころを通わせていたのである。

吉田秀雄が作った有名な『電通・鬼十則』の第九則に、「頭は常に全回転、八方に気を配って、一分の隙もあってはならぬ、サービスとはそのようなものだ」とあるが、吉田は、いまわの際《きわ》の床《とこ》にあってもなお、自らが作った鬼十則を身をもって実行していたのだ。

吉田秀雄、堀貞一郎、小谷正一という3人の気くばりの達人が1960年代初めの一時期、同じ電通で働いていたという事実は、決して偶然ではない。

吉田は、日本の商店の軒先に「押し売り・広告屋お断り」という貼り紙が掲げられていた時代に、広告業をビジネスとして成立させようと志《こころざ》した人物である。彼は、そのためにはまず一流の人材を集めるべきだと考え、破格の初任給を用意し、彼の眼鏡にかなう「八方への気くばり」ができる人間を片端から採用した。

電通マンは、吉田の教えに従い、ほかのどんな業種の会社員よりも高いプライドと低い腰を持ち、その腰の低さと気くばりによって、電通を世界最大の広告代理店にまで押し上げた。

小さな「貸し」を、こまめにつくる技術

私事で恐縮だが、筆者は1970年代末から1980年代末にかけての10年間を、大手電機メーカーの宣伝部のサラリーマンとして過ごした。

当時の広告業界には、今みたいに「情報セキュリティ」とか「コンプライアンス」とかいったややこしい言葉はなかったから、広告代理店の営業は、朝から得意先の宣伝部のオフィスにズカズカ入って来て、宣伝部員に片端から「お茶でも、どうです?」と声をかけ、近くの喫茶店に誘っていった。

そんなとき、電通の営業が誘うのは、部長か部長代理ばかり。下に行ってもせいぜい30歳の主任止まりで、ボクらのような決裁権のない20代前半のペーペーの平社員や、窓際族の爺さんは絶対に誘われない。そういう様子を、ボクは苦々しい思いで眺《なが》めていた。

『電通・鬼十則』の第三則に、「大きな仕事と取り組め、小さな仕事は己れを小さくする」とあるが、どうせボクなんか「小さな仕事」の部類だよ、とひがんだりもしていた。

それに比べると、博報堂の営業は、一途というか愚直というか、決裁権のない若い宣伝部員でも平気でバンバンお茶に誘ってくれたから、ボクに限らず、たいていの広告主側の新入社員は、電通よりも博報堂の営業と一緒に多く時間を潰《つぶ》し、親しくなっていった。

広告のアイディアのよしあしで扱いを決める「競合プレゼン」で、博報堂の方がいいアイディアを持って来ても、キャンペーンの扱いは、たいていの場合、電通の方に行ってしまっていた。ボクら若手は、きっと、電通が日頃のおべっかや付け届けで決定権のある部長や副部長を抱き込んでいるからだ、と噂し合ったものだ。

昔から、ビジネスや政治の世界では、表からはよく見えないところで、接待・付け届け・裏取引といった手段を駆使して、こっそりものごとを進めるやり方を「寝《ね》業《わざ》」と呼ぶが、ボクらは、電通みたいに「寝業」で仕事を取るのは邪道だ、広告の扱いは、ヒトに媚《こ》びるパフォーマンスではなく、クリエイティブ力やメディア・プランニング力で決められるべきだ、と思っていた。だから電通よりも博報堂を心から応援していた。

だが、仕事を続けるうちに、その考え方が、少しずつ変わり始めた。

高倉健の古い歌の歌詞に、「義理と人情を秤《はかり》に掛けりゃ、義理が重たい男の世界」というくだりがある。「義理」とは、言い換えれば「借り」のことだ。日本のビジネス社会は、「貸し」「借り」を基軸通貨として、ものごとが回っていた。「借り」に鈍感なヤツは相手にされないし、「借り」を返さないヤツには仕事は回って来ない。だから、何かにつけて相手に小さな「貸し」を作っておいて、その「貸し」を貯めて、どこかでまとめて返してもらう。それが日本の商慣習の基本であることに、会社に入って4～5年経ってから気がついた。

電通の営業は、得意先（それも、決裁権のある得意先）に対して、小さな「貸し」

をできるだけたくさん作っておく、あるいは小さな「借り」をできるだけ作らないようにする、ということについて、端倪《たんげい》すべからざる技術を身につけていた。

得意先にいつでも差し上げられるように安物のペンを2本いつも持ち歩く。得意先の好みの銘柄のタバコを常に携行している。電話をかけた相手が留守だったとき、「折り返し電話ください」とは絶対に言わずに必ず「こちらからまたかけ直します」と言うし、得意先との飲み会やゴルフには必ず写真係を用意し、撮った写真を後でお届けする——そういった細かな気くばりのノウハウが会社を挙げて伝承され、ビジネス上の大きな成果を生んでいる。あたかも、ゾウリを温めて偉くなった木下藤吉郎のように……。電通という会社は、社を挙げて木下藤吉郎になろうとしている！

そのことに気づいたのは、さらに4～5年後、自分も仕事上である程度の判断を任されるようになった後のことだ。

もちろん、博報堂の若い社員が、無礼というわけでは決してない。むしろ、キモチのいい好人物が多い。好きな作家の話や、最近見た映画の話で心から盛り上がれるのは、電通より博報堂社員との方だ。

平社員のうちはそれでよかったが、自分がある程度仕事を任され、多忙になって、リアルなサービスを求めるようになると、話は別だった。

博報堂の新入社員も研修期間中にビジネスマナーの講義を受けるそうだが、そこで教わるのは「得意先を不愉快にさせないことが基本」という原則論だけだという。原則論だけでは、得意先が吸ってるタバコを飲みの席に持って行ったり、ペンを2本持ち歩いたりといった小技は、身につかない。そういった細かな気くばりの技術は、会社全体で蓄積し、キチンと系統立てて教育しなければ伝承されてゆくものではない。

そして、そういう電通の細かな気くばりは、実は立派なクリエイティブなんじゃないかと、あるときからリスペクトするようになった。

○山×男
○×党
○山×男
○山×男
○山×男

このことは、選挙に例えるとわかりやすいかもしれない。

どんなに優れた政策を掲げた政治家でも、選挙に当選しなければ腕の振るいようがない。そして、選挙に強い政治家とは、必ずしも、優れた政策を実現する能力に長《た》けていたり、時勢を正しく見極めることができる政治家ではない。

選挙に強い政治家とは、ドシャ降りの日に傘もささずにビール箱の上に立ってズブ濡《ぬ》れで街頭演説をつづける、真夏に長靴をはいて田んぼに入って農家のお年寄りの作業を手伝う、あるいは、村祭りの盆踊りの輪でわざとみんなと逆回りに踊り、すれ違う選挙民にニッコリ微笑《ほほえ》みかけて顔を覚えてもらう――そういった、人に媚びるための泥臭いおべっかのノウハウを持った政治家である。

ビジネスも同じだ。どんなに優れたクリエイティブ力やメディア・プランニング力を持っていても、まず得意先に気に入られ、使ってもらわなければ、腕の振るいようがない。

企業のトップに立つような有能な人間は、前述した通り、その能力が高ければ高いほど、即効性のあるリアルな気くばりを求めている。彼らは、自分が購入を決断する高額商品は、それがクルマであれ、マンションであれ、生命保険であれ、会社の広告キャンペーンであれ、すべて、自分に対してどれだけ有効な気くばりがなされたかで購入先を選ぶ傾向にある。

結局のところ、人の心を動かすのは、人の気くばりなのだ。

「気くばり」は、グローバル・スタンダード

21世紀の今日、ビジネス界はグローバル化の一途をたどり、さまざまな業種に外資系企業が進出してきた。今や、日産、武田薬品、タカラトミー等、日本を代表する企業の社長を外国人が務める時代である。ソフトバンクの孫正義の後継者だっ

て、インド人のニケシュ・アローラが最有力と言われている。カルロス・ゴーンやニケシュ・アローラに、日本的な「気くばり」など通用しないのではないかと、ご懸念の向きもおありだろう。心配無用。「気くばり」は、万国共通だ。

こんな話がある。

1961年、吉田秀雄が、IAA（国際広告協会）の「マン・オブ・ジ・イヤー」に選ばれ、その授賞式に出席するため、小谷正一をお供に、ニューヨークに行き、全米最大手の広告代理店、ヤング&ルビカム（Y&R）を表敬訪問したときのこと。

吉田が大のゴルフ好きであることを調べていたラーモン会長は、昼食の席で、吉田に大きなゴルフバッグをプレゼントした。バッグの名札には「吉田秀雄」と正確な漢字で刺繍が施されており、ボール入れには、「H.Y. from Y&R」と、吉田のイニシャルを刻んだ真新しいゴルフボールが1ダースと、ゴルフ上達法の本が入っていた。本の表紙をめくると、そこには「ミスターH・ヨシダへ。サム・スニード」と、著者自身のサインがある。サム・スニードと言えば、全米ツアーで通算82勝という歴代最多勝を記録した、1950年代のタイガー・ウッズだ。吉田も小谷も目を見張った。

帰り際、小谷にもみやげが渡された。開けてみると、「S.K. from Y&R」と、小谷正一のイニシャルが彫られたゴルフボールが1ダース入っていた。小谷の顔を見てから慌てて用意したのでは到底間に合わぬ記念品である。が、吉田秀雄の名前は先方に知らせていても、随行の小谷の名前を知らせた覚えはない。魔法としか思えなかった。

「おもてなし」の心は、日本の専売特許というわけではない。アメリカ人は、しばしば、日本人以上の気くばりを見せる。欧米の経営者たちは、そういった「気くばり」をある種の「自己主張」として、日本以上に評価する傾向にある。ディズニー幹部のアメリカ人の心を動かし、浦安へのディズニーランド招致の決め手となった堀貞一郎の気くばりを思い返していただきたい。「戦略気くばり」は、実はビジネス界のグローバル・スタンダードなのである。

明確な目的のもとに相手の歓心を買う

ここで、「戦略」という言葉の意味について、述べておこう。

プルデンシャル生命保険のNo.1セールスマン、**川田修《おさむ》**（1966〜）が書いた**『かばんはハンカチの上に置きなさい』**（ダイヤモンド社刊）という好著がある。この本は、題名の通り、「お客様のお宅で、外を持ち歩いてきたカバンを床に置くときは、必ず下にハンカチを敷く」といった事例をはじめ、お客様に対する細心の心配りの例を数多く挙げた、営業マンのための素晴らしい参考書だが、その本の中に「アポは2分遅れでも必ず電話を」という項目がある。

川田はそこでこう説いている。


たとえば、アポイントなど仕事でお客様と待ち合わせていて、自分が着くのが約束時間にほんの少し（たとえば2分）遅れてしまう……。

こんなとき、あなたならどうしますか？（中略）

私はこうするようにしています。

遅れることがわかった時点で「申し訳ありません。2分遅れてしまいます」と電話を入れて、実際にきっかり2分遅れで到着した後、きちんとお詫《わ》びする。（中略）このとき、「少し遅れてしまいます」ではなく、「2分」とはっきりさせることが大事です。

冷静に考えると、こんなことは当たり前のことかもしれません。しかし、そういう電話を入れると、「えっ？」と聞き返されることがあります。

たぶん「2分くらいで電話してこなくても……」と思われるのだと思います。

つまり、それは「2分でしっかり電話してくるなんてあなたくらいです」という意味なのではないでしょうか。

もしかしたらその後、「○○さん、プルデンシャル生命の川田さんからお電話で2分遅れるそうです。しっかりした方ですね」なんて会話をしていてくれるかもしれません。

なるほど、現代の木下藤吉郎とでも言うべき、すばらしい気くばりである。だがこれは、すばらしい「気くばり」ではあっても、「戦略気くばり」ではない。なぜなら、川田はこの話の最後をこう結んでいるからだ。

でも、何よりも一番いいのは、「絶対にアポイントには遅れないこと」ですので、くれぐれもお間違えのないように。

ここが違う。

自分を印象づけて相手の歓心を買おうと思ったら、わざとアポイントに遅れていいのである。わざと2分遅れて、「2分遅れます」という電話を入れ、相手に覚えてもらうのだ。秀吉や三成が生きていれば、きっとそうする。

川田は、「営業マンの心得かくあるべし」という思いで、本物の「気くばり」を書いたのだろうが、「戦略気くばり」にハートは要《い》らない。要るのは、相手の歓心を買うための冷徹な計算だけである。

それが「戦略」というものだ。

健全なる野心家になるために

現代の若者諸君は、「どや顔」「上から目線」の年長者が大の苦手である。できれば、友だち感覚でつきあえる上司や得意先と働きたいと願っている。友だちには、媚びもゴマすりも必要ない。だから、自分の人生で、「おべっか」なんて必要ない、とお考えかもしれない。

が、実際のところ、世の中は「どや顔」「上から目線」の大人だらけだ。孫正義、柳井正、三木谷浩史、渡邉美樹――現代の立志伝中の人物は、若者から見ればみんな「どや顔」「上から目線」である。仕事のできる人間は、どうしたって、そうなってゆく。

そうした「どや顔」「上から目線」の、現代の織田信長たちに巧妙に取り入り、格差社会を勝ち抜いてゆくための技術が、「戦略おべっか」だ。

「何で格差社会を勝ち抜かなきゃならないの？　人並みの収入があればそれで十分じゃない」とお考えの方は、本書を読まれる必要はない。それはそれで一つの生き方だし、おそらくは、その方が幸せだろう。

だが、そんな人間ばかりじゃ、世の中つまらない。

本書は、実力ある年長者に取り入って出世し、少しでも格差社会の上に這《は》い上がろうと考えている健全な野心家のためのノウハウ本である。本書には、相手を思いやる心構えといったありがちな抽象論も、敬語の使い方とか、挨拶《あいさつ》の仕方といった、どのビジネス・マナー書にも書かれている当たり前のマナーも書かれていない。そうした普通のマナーしか知らない連中を出し抜き、競争に勝ち抜くための具体的な方策だけが並べられている。

あなたがここに書かれたノウハウを活用し、現代の木下藤吉郎となられんことを、筆者は願ってやまない。

THIS IS JAPANESE BUSINESS MANNER

どんな人でも、必ず成功する鬼「気くばり」

36

1 安物の同じボールペンを必ず2本持ち歩く。

ビジネスで最も重要な概念は、「貸し借り」である。決定権のある人間に対し「貸し」を貯めておけば、ここぞという時に預金を引き出し、無理なお願いを通すことができる。

打ち合わせ中、得意先がメモをとろうとしてペンを忘れてきたことに気づいたら、すばやく安物のボールペンを2本取り出し、「2本ありますから1本どうぞ」と言って差し上げてしまおう。2本持っていれば1本差し上げても不自然ではないし、安物なら相手も受け取りやすい。それでいてペン1本でも貸しは貸し。使うたびに自分を思い出してもらえる。安くて効率的な「貸し」である。

② お詫びやお礼をメールだけで済まさない。

文字だけで伝わる情報量は、会話で伝わる情報量のわずか30%に過ぎない。どんな美辞麗句を連ねても、本気の謝意は正確には伝わらない。大事なのは表情と声のトーン。お詫びやお礼など、感情を

伴うコミュニケーションにはメールは向かないものと心得られよ。

従って、上司や得意先との打ち合わせへの遅刻は、メールではなく、電話で詫びるべきだ。また、前の晩にごちそうになった上司へのお礼もメールで済ませない方がいい。「佐藤錦」のパックを持って相手のデスクまで行き（こういうときのお礼は昔からサクランボの佐藤錦と決まっている）、直接、お礼を言うべきである。

③ 名刺は1ミクロンでもいいから、相手より下から出す。

パーティーで壇上に立って祝辞を述べる人が「一段高いところから失礼します」と前置きしたり、銀座のホステスが客と乾杯するとき、グラスを客よりもわざと低い位置に差し出したり——日本には

昔から、目下の人間は、目上の人間より高い位置に立たない、という明快な習慣がある。

名刺交換も原理は同じ。自分の名刺は、相手の名刺より1ミクロンでもいいから下から差し出すべきだ。こうするだけで、年配の得意先には好印象を与えられる。逆に上から出したら、その生意気な第一印象は一生キミにつきまといかねない。その1ミクロンは、人生で最も重要な1ミクロンである。

4 得意先の吸っているタバコを常に携行する。

最近は、オフィスも飲食店も「禁煙」が常識だが、もしも愛煙家の得意先を飲食店で接待する場合は、当然喫煙可能な店を探さなければならない。やむをえず禁煙の店を使う場合は、接待する側で一番上の人間が頻繁に外にタバコ

を吸いに出て、得意先が気を遣わずにタバコを吸いに行ける環境を作るべきだ。

得意先が吸っているタバコの銘柄は事前に把握し、必ず1箱ポケットに忍ばせておこう。相手がタバコを切らしたとき、すかさず「どうぞ」と差し出せば、小さな「貸し」が作れる。このとき重要なのは、そのタバコを「どや顔」で出さない、ということ。遠慮がちに出してこその貸しである。

5

トヨタの人を接待して送るときはトヨタ車のタクシーを拾う。

キリンの人を接待するときは、キリンビールを出すレストランを予約する。キヤノンに提出する書類はキヤノンのコピー機でコピーする。トヨタの人をタクシーで送るときは、トヨタ車のタクシーを

拾う——つまり、得意先の商品を使う。これは営業の基本中の基本。銀座でタクシーを拾うとき、同じ東京無線でも、日産車をパスしてトヨタ車を拾おうとしている人間がいたら、それは間違いなく広告代理店のトヨタ担当営業である。

ちなみに、電通のトヨタ担当営業が部内旅行でバスをチャーターするときは、日野（トヨタの関連会社）製を指定するそうだ。関連会社の製品の調査も忘れずに。

6 ビジネス・メールには極力、人間の体温を残す。

メールは、知らない相手にもForward、Forwardでどんどん送られてゆく。だから、特定の相手とのなれ合いを感じさせる文章を書いてはいけない。ビジネス言語で簡潔に書くべきだ。

が、だからといって、用件だけ書いたのでは、いかにもつき放した感じで、反感を買ってしまう。相手が取引先なら「いつもお世話になります」、上司なら「お疲れさまです」の一言を必ず添える。転送するときも、そのまま送るのではなく、「以下、転送部分です」と一言添えてコピペする。メールには、なれ合いにならない範囲で人間の体温を残すことが重要である。

7 どうでもいい小さい仕事ほどすぐに片付ける。

小さい仕事――たとえば、ちょっとした調べ物、コピー、届け物、こうした誰でもできる簡単な仕事は、やろうと思えばすぐにできるし、早くやってみせれば、大きい仕事を成し遂げたのと同じだけの印象点が得られる。逆に、簡

単な仕事をいつまでも放っておくと「こんなこともできないのか」と悪印象を残す。小さな仕事はすぐゴミになる。だから、小さい仕事ほど、早く片付けなければならない。

何から片付けたらいいかわからないくらい仕事がたてこんでいるときは、すぐできる小さな仕事から順に片付ける。これが、得意先や上司に認められるための正しいプライオリティである。

8

3日後に100%の答えを出すより、翌日、60%の答えを出す。

電通には「今やれ、すぐやれ、ここでやれ」という金言があるという。仕事はスピードが第一。前項も本項も、基本思想は同じだ。

そもそも、仕事の出来・不出来は主観に過ぎない。ある人はキミ

の仕事ぶりを100点と評価しても、別な人は30点と評価するかもしれない。だが、速さは客観だ。一番最初に出された答えは、それが合っていようが間違っていようが、誰の目にも一番最初に出された答えである。それに学生の試験じゃないんだから、ビジネスでは、一度出した答えを、あとから手を回して修正することもできる。

だから仕事は、出来のよしあしより、速さを優先すべきだ。

9 会議中に携帯電話を受けるときは、事前に、「途中、1本電話を受けてもよろしいでしょうか」と断る。

ビジネス界では、「目の前にいる人が一番」という考え方が、セーフティー・ネットである。そうした安全意識に最も相反《あい》するのが、その場にいない人間と簡単に繋《つな》がれる携帯電話だ。会議中に携帯に

出る、メールを見るという行為は、「会議より、こっちの方が大事」と言っているのと同じで、出席している得意先や上司に無礼である。

会議の最中に、自分の携帯に電話がかかって来ることがあらかじめわかっている場合は、会議前に、「途中、電話を1本受けてもよろしいでしょうか」と断って、みんなの了解を得ておこう。こうすれば、かえって律儀なヤツと好印象を得ることができる。

10

接待の席には、相手の家族向けのおみやげを用意する。

得意先を食事の席にお招きしたときは、帰りに必ずおみやげをお渡しする――これ、接待の常識。値段は3000～4000円。家族持ちには、本人より家族が喜ぶものを用意する。そうすれば、遅

く帰宅した得意先の顔が立つというもの。重さは、持って帰る得意先の負担を考え、なるべく軽いものを選ぶ。ベストは、流行《はや》りの菓子店の菓子。人気スイーツの研究は、おさおさ怠ってはいけない。

　相手が独身か、家族持ちかによっておみやげは変えるべきだが、包装や大きさが人によって違うと、地位に合わせて変えているのかと勘ぐられてしまうので、外見は同じにしておく必要がある。

11 見送りはタクシーが角を曲がるまでおじぎをつづける。

昔、電通・博報堂の若手営業の人々と、六本木の同じ店で2晩続けて会食をしたことがあった。みんなに見送られてタクシーで帰る際、六本木交差点で曲がる直前に後ろを振り返ると、博報堂の営業

は解散していたが、電通の営業はおじぎをつづけていた。

後で訊いたところ、電通の若手は先輩から、「シビアな得意先は、タクシーが角を曲がる際、営業がおじぎをつづけているか確認するために必ず振り返る。だから、途中は顔を上げていてもいいから、曲がり際だけは絶対におじぎをしていろ」と教わったそうだ。

一流料亭の客の見送りと、方法論は同じである。

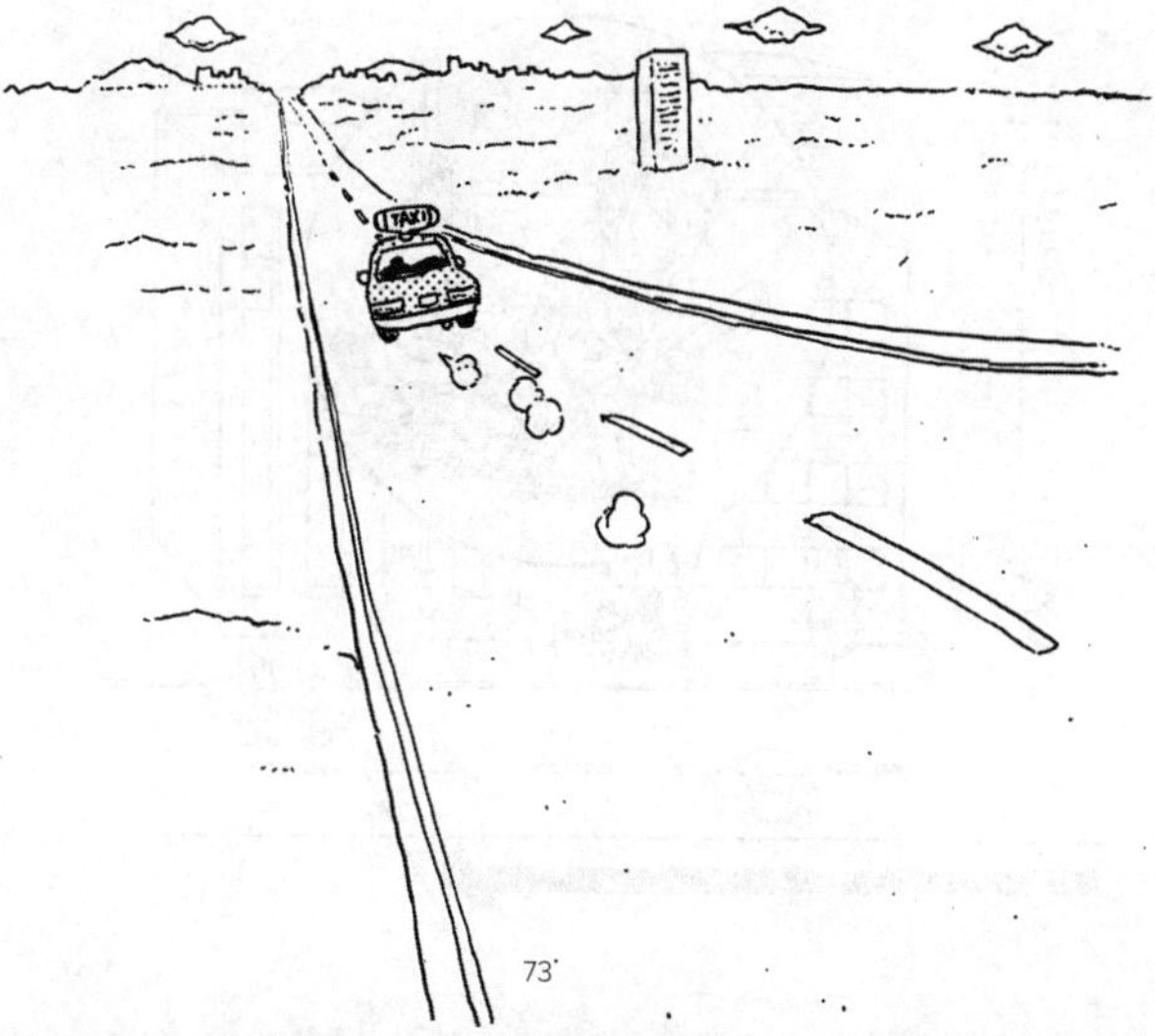

12 得意先にタクシーで行くときは100m手前で降りて歩く。

広告代理店の社員は、たいていの場合、得意先より高い給料を貰《もら》っている。だが、そのことを得意先に意識させると要らぬ摩擦《まさつ》を生む。たとえば、高い店で、たまに来た得意先とハチ合わせすると、

「ウチの広告費で飲んでいるのか」などと嫌みを言われかねない。だから広告マンは伝統的に安い店で飲むし、安いスーツを着る。

得意先への大量の届け物があるとき、タクシーで行くのは仕方ないにしても、それを得意先に見られるのは、贅沢《ぜいたく》と思われ、得策ではない。必ず100m手前で降りて、重いものを一生懸命歩いて運んでいる様子を得意先の社員に見せつけておくべきだ。

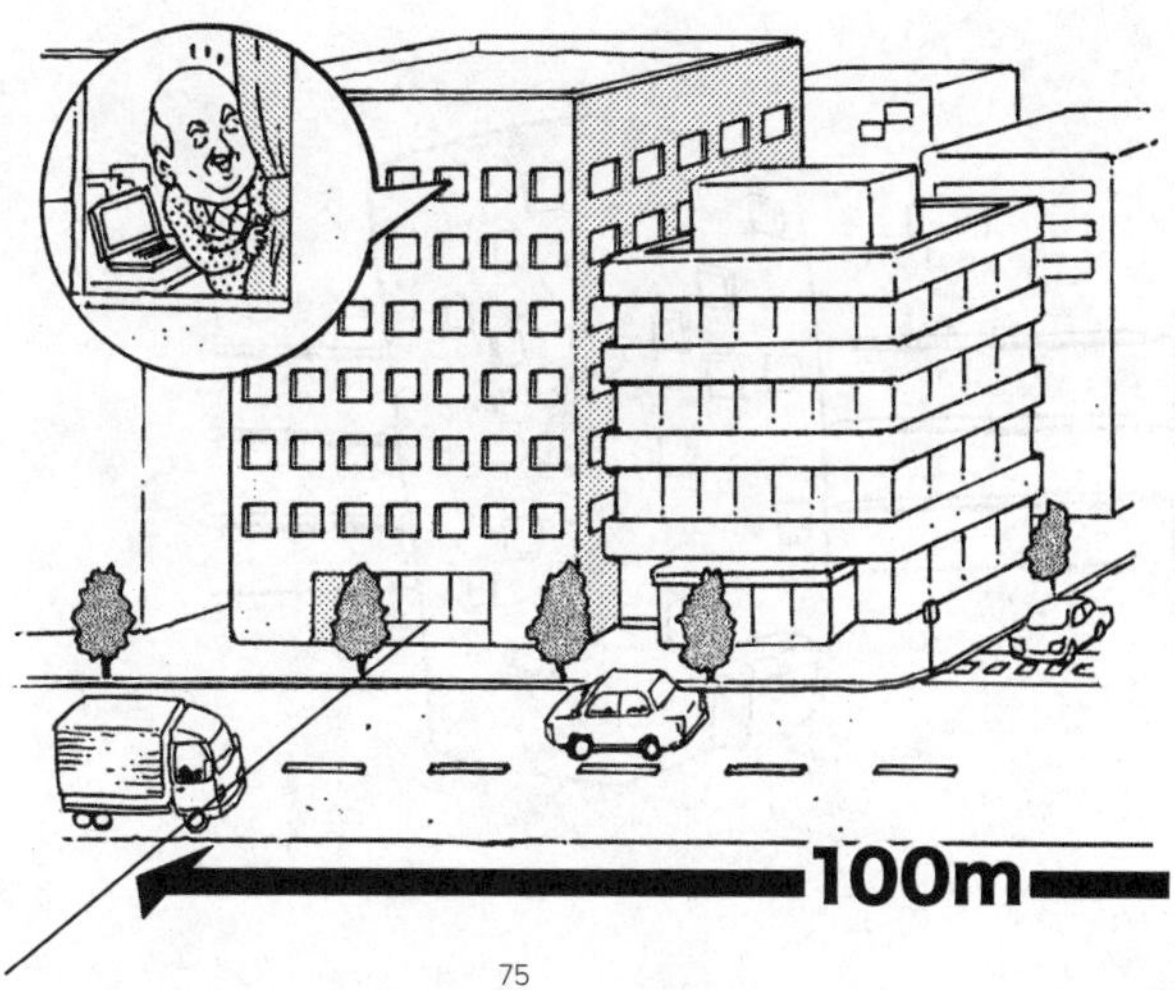

13

得意先の建物に入る前にコートは脱ぐ。

「外套《がいとう》」は、その名の通りあくまで外で着るもの。建物の中でコートを着ているのは、室内で帽子をかぶっているのと同じくマナー違反である。料亭で、女将《おかみ》が帰り際の客に「どうぞこちらでコートを

お召しになってください」とわざわざ言うのは、本来コートはそこでは着ないものだからだし、逆に昔の刑事ドラマの刑事が室内でもコートを着ていたのは、柄の悪さを印象づけるための演出である。

営業は、得意先の建物の外でコートを脱いでから中に入るべきだし、帰りも建物の外に出てから着るべきだ。もっとも、電通の若手は、動きが鈍くなるので、コート自体着ないのが普通だそうだが……。

14 宴会やゴルフには、写真係を置く。

電通には昔から、宴会、ゴルフ、CM撮影の立ち会いなど、得意先が参加する行事では必ず撮影係が記念写真を撮り、後日、写真を得意先にお届けするという伝統がある。

よく撮れた写真は、一般人が決

して伸ばさないファッション・モデルのプルーフのサイズにまで伸ばし、額に入れてお届けするそうだ。中には、普通の表情を撮っても芸がないからと、袖口から鳩を飛び出させて、驚く得意先のヴィヴィッドな表情を撮った、伝説の営業もいたという。

写真は、一度のイベントで二度コミュニケーションが取れるおいしい道具。けだし、効率的営業戦略というべきであろう。

15

ゴルフでは消しゴムを持ち歩く。

ゴルフはマナーが命。ゴルフ場でキミが見られているのは、ショットの正確さではなく、人間の品性である。荒れたグリーンはフォークでこまめに整える。キャディーさんは名前を覚えて名前で呼ぶ。

ミスショットで過度に落ち込まない。ゴルフ場で心掛けるべきことはたくさんある。

冒頭に紹介した、プルデンシャル生命のNo.1セールスマン、川田修の著書『かばんはハンカチの上に置きなさい』の中に、ゴルフに行くときは、ポケットに消しゴムを忍ばせておき、得意先がスコアを記入し間違えたらサッと差し出す、という話が出てくる。ぜひ見習いたい気くばりである。

16 葬儀用に、白黒の名刺を用意する。

昔、人が亡くなった際に近親者が新聞に出す「黒枠広告」は、広告代理店の大きな収入源で、広告マンは、誰かが死んだと聞くと、広告の御用聞きのため、その家に駆けつけたという。そんな歴史ゆえ、電通マンは葬儀情報に敏感で

ある。

　そもそも葬式は、相手のプライベートに食い込み、個人情報を得る最大の好機。得意先の近親者の葬儀には真っ先に駆けつけ、受付から駐車場の整理係まで雑用を残らず引き受け、新盆には必ず花をお供《そな》えに行くべきだ。

　そのために電通マンは、カラフルな名刺とは別に、葬儀用の白黒の名刺を必ず持ち、会社には常時黒いスーツを用意している。

17

葬儀は必ず最後まで参列する。

田中角栄は、夏場の葬式に自分の名前で花を出す際、萎《しお》れるといけないので、通夜の翌朝、寺に花屋を差し向け、花を取り替えさせていたという。

小沢一郎は、1992年に当時の京セラ会長・稲盛和夫の母親が

亡くなった際、鹿児島で行われた葬儀に公務を押して駆けつけ、最初から最後まで参列して稲盛を感激させ、これがその後の稲盛と民主党の深い絆《きずな》のキッカケになったという。

政治家にとって葬儀で大事なのは気持ちではない。まず形だ。贈った花が萎れていたり、参加した葬儀を中座してしまうようでは、心配りが無になってしまう。広告マンも見習いたい心掛けである。

18

人事情報はどこよりも早く摑む。

人事情報はスピードが命。

得意先のキーマンが昇進したとき、誰よりも早く祝辞と祝いの品を贈れば好意を持ってもらえるし、人事情報をどこよりも早く入手して宣伝担当者に伝えれば、相手は

「そこまでうちの会社の事情に詳しいなら、仕事を任せてみようか」という気になるかもしれない。さらにはライバル社に対しても、「あの会社は得意先にそこまで深く食い込んでいるのか」という無言の圧力にもなる。

そのために、広告マンは、仕事とは直接関係ない、得意先の受付や総務、人事の女のコとも、合コンを重ねている（ま、別の目的の合コンも多いですけどね）。

19

得意先からかかって来た電話でこちらの用件を言うときは、「いただいた電話で恐縮ですが」と言う。

得意先からかかって来た電話で、こちらからも用件を言うときは、「いただいた電話で恐縮ですが、こちらからも一件よろしいでしょうか」と断ってから言おう。

かけた相手が留守だったとき、

仕事のできないヤツほど、「折り返し電話ください」と言うが、どんなに急ぐ仕事も「こちらからかけ直します」と言うべきだ。

また、電話は目上の人が切るまでこちらが切ってはいけないのと同様、メールも、目上の人から「ありがとう」と送られてきたら「これからもよろしくお願いします」などと送り返し、必ずこちらからの発信でやりとりを終わらせなければならない。

20 接待では、相手の行きつけの店を予約しこっちが払う。

接待で、得意先を料亭やクラブにお連れするとき、後で得意先が「あの店はいいね。今度はプライベートで行かせてもらうよ」と言うような店に行く営業は、上の下。

優秀な営業は、得意先の行きつ

けの店に一緒に行く。得意先は「なんだ、俺の知っている店じゃないか」と思うかもしれないが、裏でこっそりその店の女将に「○○サンにはいつもお世話になっています」と名刺を出した上、「○○サンから、素晴らしいお店と聞いていたので、一度伺《うかが》ってみたかったんです」と言って、勘定はこちらで払っておけば、後で得意先が一人でその店に行ったとき感謝される。これが上の上の営業だ。

21 メールを送ったら必ず電話で確認する。

メールはツーウェイ・コミュニケーションだと思ったら大間違い。電話での会話なら、相手がこちらの話を正確に理解したかどうかその場で確認できるが、メールは、相手が理解したかどうかすぐには

確認ができない、１００％ワンウエイ・コミュニケーションである。

そんな頼りないコミュニケーションではビジネスに差し障りが出る。メールは証拠を残すという意味では使えるが、相手がこちらのメールを読んでくれたかどうかは、必ず電話で確認するべきだ。そもそも21世紀のこの世にも、メールを送っても読まないオヤジがキミたちが思う以上に多いことを、肝《きも》に銘じられよ。

22

土下座は、相手の怒りのピークではしない。一晩置いて、翌日みんなでする。

「コンプライアンス」のこのご時世、会社員にとって最も重要な能力は「謝罪力」である。今や、企業内での出世は「謝罪力」の有無で決まると言っても過言ではない。

広告界には昔から「土下座」と

いう謝罪の切り札がある。土下座の達人に言わせると、この切り札を切るにはタイミングが重要で、最初にお詫びにすっ飛んでいったときに土下座しても、得意先の怒りは頂点に達していて「土下座すりゃいいってもんじゃない!」と怒鳴られるだけ。一晩間《ま》を置き、相手が少し冷静になったとき、上司と一緒に行って、みんなで並んで土下座した方が、効果は10倍高いという。

23 メールでCCは多用しない。相手の文面は要約して送る。

重いデータを勝手にメールで送ると相手のパソコンの動きが鈍くなる。CDに焼いて届けるか、「宅ふぁいる便」や「ドロップボックス」（サーバーがデータをいったん預かり、相手が受け取りたいときに

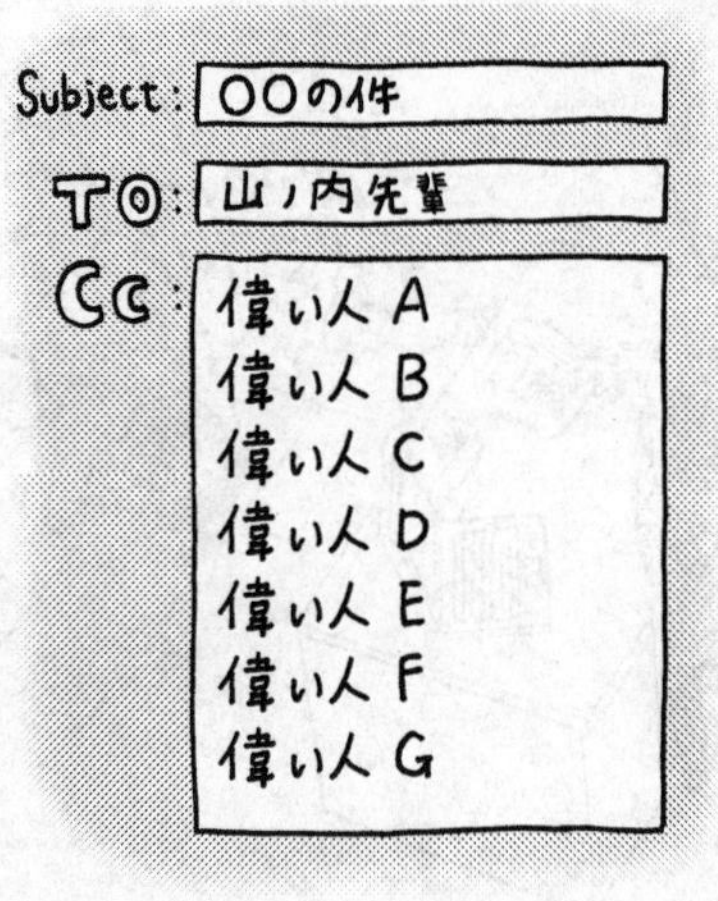

受け取れるサービス）で送るべきだ。

また、偉い人にも一応読んでおいてもらおうと、「CC（同報）」を連発するのは、「TO」で送った本来の相手に失礼だし、受け取った方も読むのが面倒なだけ。「CC」は連発すべきではない。

さらに、相手のメールに返事を返す際は、相手の文面を全文コピペせず、要約して送るのが礼儀だ。メールは、相手の時間を節約する。これが基本マナーである。

24

服は自分のために着るものではない。得意先のために着るもの。

ビジネス界では、自己主張は仕事ですべきであって、髪型や服装ですべきではない。派手な服を着た営業に仕事のできる人間は一人もいない。清潔で十分に手入れがされている限り、服は安く、容姿

は地味なほどいい。営業には、突然の力仕事を頼まれて服をダメにする可能性が常にある。高い服を着るべき理由は何一つない。髪は耳にかからぬ長さ、ヒゲは生《は》やさない。スーツは紺かグレー。靴は黒。シャツは純白の木綿（いつ得意先の葬儀があるかわからない）。夏でもネクタイ（外資にクールビズはない）。服は自分のために着るのではなく、得意先のために着るものと、思い知られよ。

25 常に爪を手入れしておく。

会議や小規模なプレゼンテーションで、得意先の前に置いたパソコンやiPadの画面上の表やグラフを指さして説明することがあるが、そのとき、相手が見てるのは、画面よりもキミの指だ。爪が

伸びていたり、汚れていたりすると、いかにもルーズで仕事ができない印象を与えてしまう。一流のセールスマンはネイル・サロンに通い、爪の手入れを怠らないそうだが、キミも爪の手入れくらいは自分でしておこう。

ついでに言うと、得意先は服や靴の高級さではなく、手入れの状態でキミの自己管理能力を判断する。安物でいいから、ズボンのプレスと靴磨きは忘れずに。

26 宴会のために揃いのハッピを作る。

宴会は、営業にとって、得意先にヤル気と結束力を見せつけるための絶好の機会。電通には昔、宴会芸に使うヘビを、ロッカーで飼っていた豪の者がいたそうだし、「D-SMAP」や「D-ShockBoys」といった、

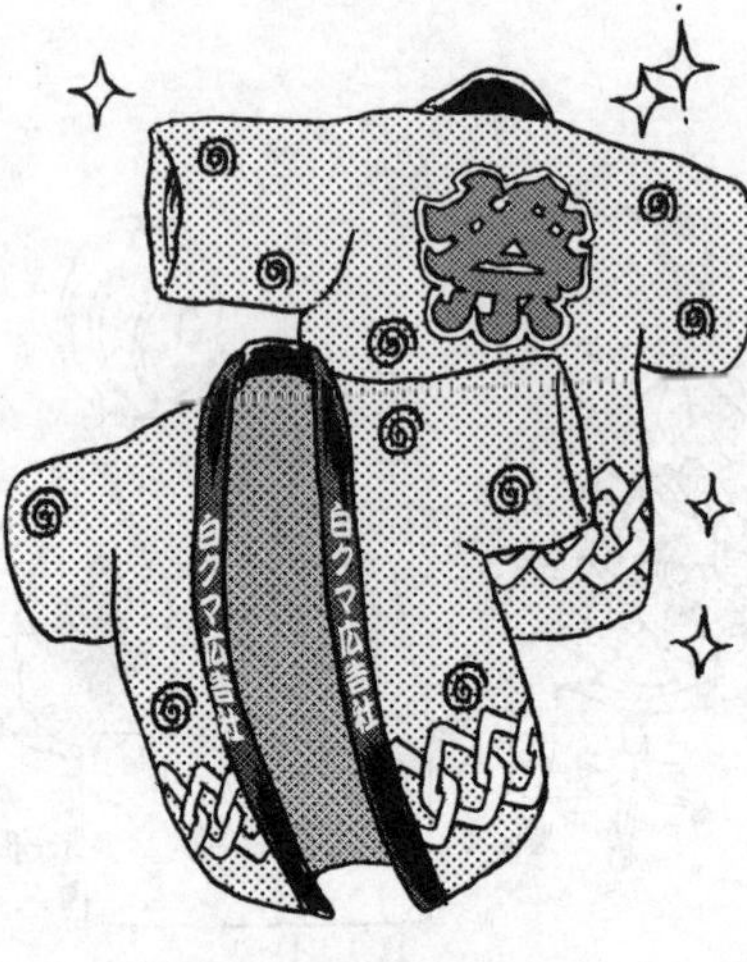

宴会芸専門の選抜チームがあって、社内で練習を重ね、宴会に駆けつけていたという。

そこまでいかなくても、電通のどこの営業部でも普通にやっているのが、揃いのハッピを作ること。スーツ姿でやる芸と、ハッピを着てやる芸では、ヤル気が違うし、揃いのハッピはチームワークのアピールにもなる。ハッピは宴会のみならず、あらゆるイベントに使える便利な制服である。

27 いただいた名刺は、しまう前に一文字残らず読む。

名刺は1ミクロンでもいいから相手より下から出す。これで名刺交換のマナーの80%はクリアだが、より完璧な交換を目指す人のために、残りの20%も教えておこう。

①名刺交換の際は必ず上着を着

る。②机越しの交換はしない。③上司や先輩と一緒なら、自分が最後。④受け取るときは必ず両手。⑤得意先の名前の部分には指をかけない。⑥表に書かれた文字は残らず読む。⑦読んだら顔を上げて相手の顔を見る——これで正しい名刺交換が完了。もらった名刺は、ミーティングの間、テーブルの上に並べておいてもいいが、しまうときは名刺に軽く会釈してから名刺入れに収めると、スマートだ。

28

会議室は最後に出る。建物は最初に出る。

社内に得意先を招いての会議が終わったら、営業は真っ先に、出入り口の前に駆けつけて扉を開き、得意先や上司を送り出した後、室内に忘れ物がないか、ひと通りチ

エックして、誰よりも後に部屋を出なければならない。

一方、建物から外に出るときは、誰よりも先に玄関から飛び出し、得意先のためにタクシーを拾わなければならない。

昔、ある新入社員が先輩に「会議室を最後に出た上に、建物を最初に出るのは無理です」と言ったら、「ワープしろ」と言われたそうだ。だったら「ワープ」の練習をするのが、正しい営業である。

29

クリップは絶対に相手の社名や「御中」にかけない。

得意先に提出する書類を何部もホッチキスで綴《と》じる場合は、針を表紙の左上角《かど》から8ミリと13ミリの位置に5ミリずつずらして交互に斜めに打つ。

斜めに打つ理由は、まっすぐ打

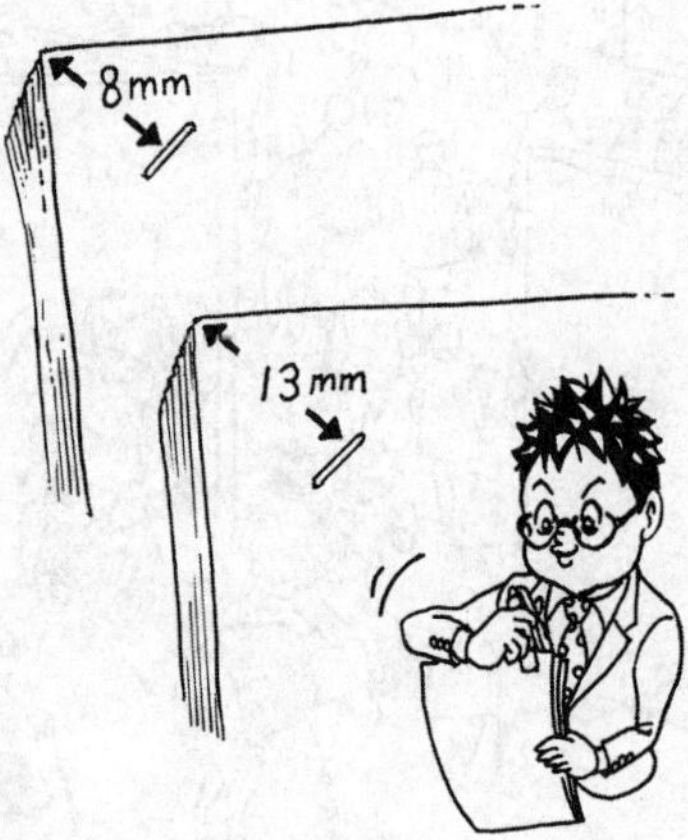

つと表紙を何度も開閉したとき紙が破れやすいから。5ミリずつずらして打つ理由は、全部同じ位置で打つと、重ねたとき角がふくらんで分厚くなってしまうから。

　また、クリップで綴じる場合は、クリップが相手の社名や「御中」に絶対にかからぬよう、要注意。社名は企業の顔。書類の社名にクリップをかけるのは、社名を間違えるのと同じくらい失礼なことと心得られよ。

30

口が裂けても逆接の接続詞は口にしない。

得意先を呼ぶときは「さん」ではなく「さま」、一人称は「自分は」ではなく「私は」。人の話を腕組みして聞かない。得意先や上司に対して、逆接の接続詞は一切使ってはならない。

「だけど」「っていうか」「やっぱり」「ですが」は禁句。「それはですね」もダメ。相手が、肯定しにくいことを言ったときは、「おっしゃる通りですね」「ご指摘はごもっともです」「それは思いもよらない鋭い視点ですね」などと言ってまず相手の発言を肯定し、その後で「ですが」ではなく、「こういうふうにも考えられないでしょうか」と前置きして、自分の意見を言うべきだ。

31

得意先とエレベーターに乗るときは先に乗ってボタンの前に立ち、開閉操作をする。

若手社員がエレベーターに乗っていいのは4フロア以上の移動の場合のみ。3階までは階段を使う。

得意先と一緒にエレベーターに乗る際は、得意先が乗り物の操縦が趣味という人でもない限り、必

ず得意先よりも先に乗って操作ボタンの前に立ち、得意先が乗り終えるまで「開」ボタンを押し続ける。これが乗り方の基本。

ちなみに、エレベーターやエスカレーターの乗降口の床には、HITACHIやTOSHIBAといった、メーカーの銘板がはめられているが、この銘板は踏まずによけるクセをつけておいた方がいい（社名を踏んづけているところをその会社の人が見たら気を悪くする）。

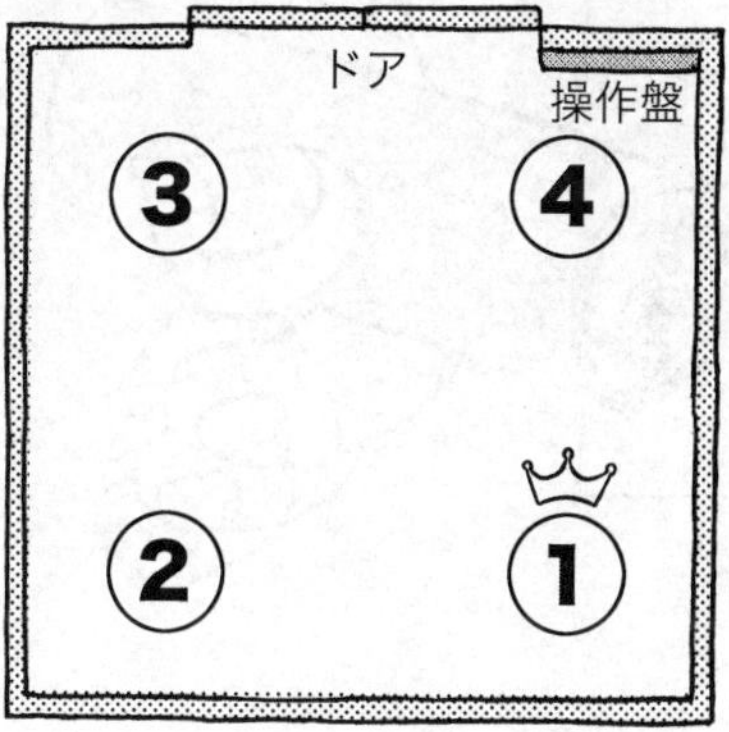

32

書類に上司と並んでハンコを押すときは、上司より下に斜めに傾けてつく。

ビジネス界には、自分が賛成しかねる稟議《りんぎしょ》書類にハンコをつくとき、わざと上下を間違えて押し、反対の意思表示をするお偉方が大勢いる。ハンコのつき方一つにも、メッセージを込めることがで

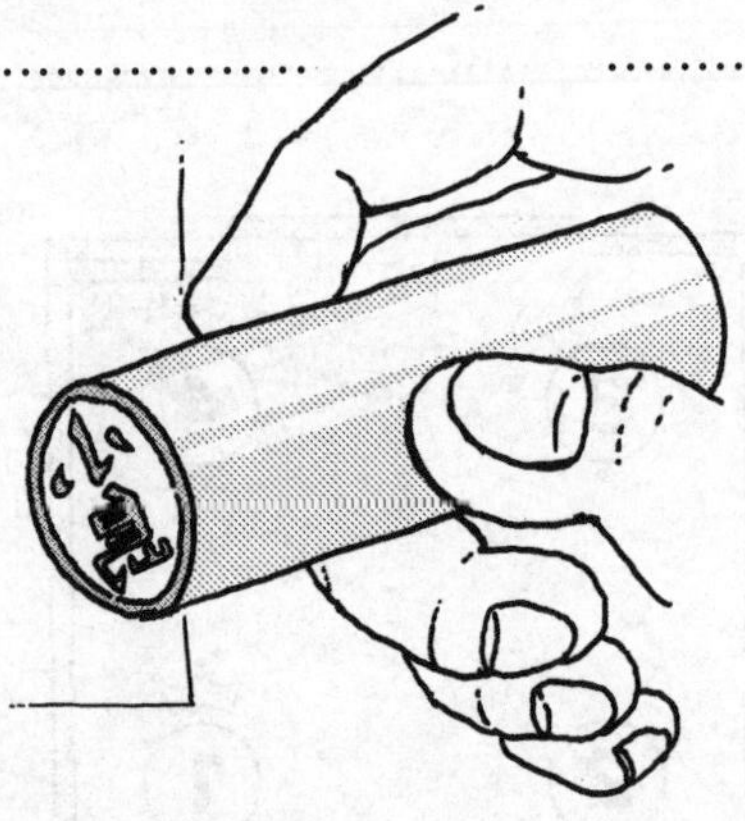

きるものだ。

下っ端のキミが上司と並んでハンコを押すときは、上司の並びより、必ず一段下げて押そう。名刺交換と原理は同じだ。しかも、できれば上司の側に少し傾けて押す。こうすると、キミのハンコがへりくだって上司のハンコにお辞儀をしているように見え、感じがいい。

え、何? いくら何でもそれは冗談だろう、だって? とんでもない。大マジである。

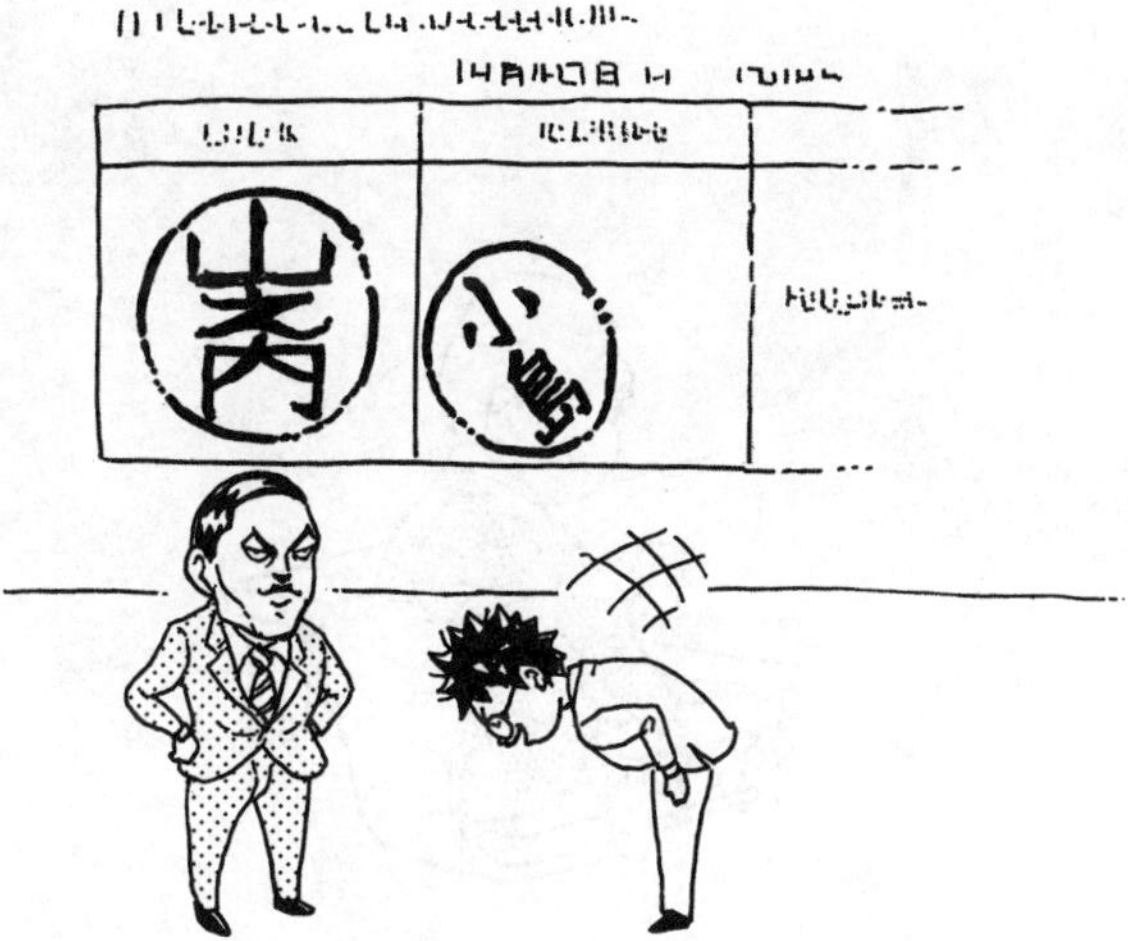

33
ビール瓶は、ラベルが得意先に見えるように置く。

料理店で得意先を接待する際は、相手より先に箸《はし》を割らない、食べない、飲まない、上着を脱がない。全部得意先がやってから。得意先のビアグラスが30秒以上空《から》のまま存在したら死刑。グラスの空き状

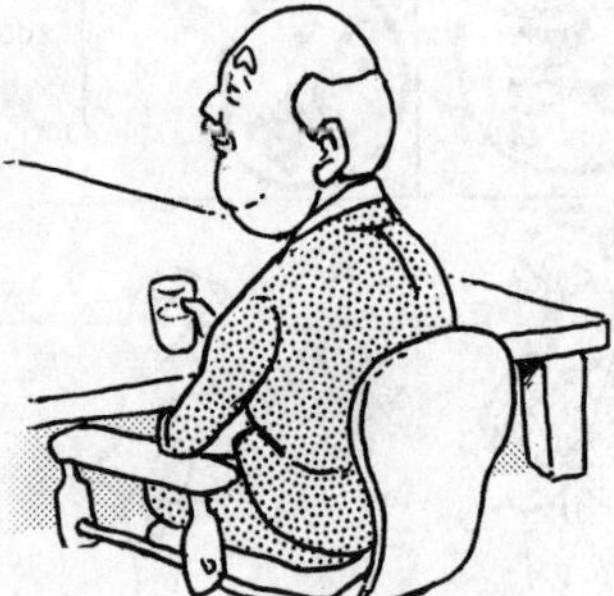

況の監視は怠《おこた》りなく。ビールはテーブル越しに注いではならない。必ず左横まで行って注ぐ。瓶《びん》は、何を注いだかわかるよう、ラベルが相手に見えるように置くこと。瓶が空になるまで注ぐ「注ぎ切り」は「縁の切れ目」と気にする人もいるので、最後は少量を瓶に残し「お残り頂戴《ちょうだい》します」と言って自分のグラスに注ぐ（業界には、「底が美味《うま》いんですよ」と言って注ぎ切る流派もあるが……）。

34 得意先とタクシーに乗るときは必ず助手席に座る。

得意先や上司とタクシーに乗る際の席次は、下左図の通り。下っ端は助手席に乗って勘定を払う。これが基本。マナー本によっては、後部座席の中央を一番下座とするものもあるが、ここに一番下の者

が座ると、勘定を払うとき、奥に座った得意先を待たせてしまうことになる。そもそもクルマの「助手席」は、助手が乗るから「助手席」なのだ。どんな場合も下っ端は助手席に乗るべきである。

また、上司が運転する車に乗せてもらう場合、若い社員はよく「お願いします」と言うが、それでは相手を運転手扱いしてしまうことになる。正しくは「失礼します」である。

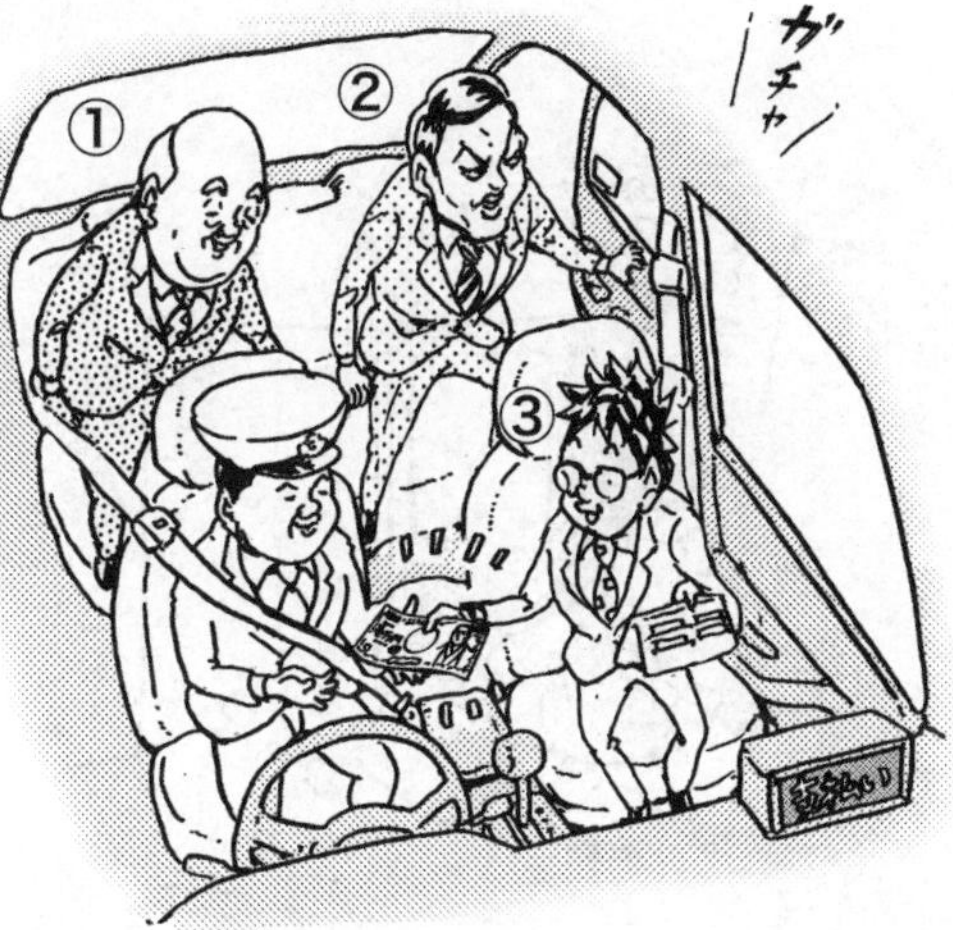

35 得意先の前では、「仕切る」「にぎる」など業界用語を使わない。

得意先の宣伝部には、工場や営業所から転属して来た者も多い。そういう人の前で、ことさらに「仕切る」「にぎる」「仁義を切る」といった業界用語を使うと反感を持たれるだけだ。そもそも業界用

語とは、関係者が内輪で使う恥ずかしい隠語である。鮨屋《すしや》でも、真っ当な客は「あがり」とか「むらさき」といった隠語は口にしない。

芸能界には昔から、昼過ぎでも「おはようございます」という挨拶をする習慣があるが、広告代理店の優秀な営業は、午後のＣＭ撮影に立ち会いに来た工場出身の宣伝部長に向かって、タレントに「こんにちは」と挨拶させるよう、事務所に根回ししている。

36 常に面白い話題を持っている。

ある日、広告マンのM君は、先輩が運転する車で番組収録の立ち会いに行った帰り、レインボーブリッジ上で渋滞にハマり、退屈した先輩から「最近、何か面白い話はないか?」と訊かれた。M君

が「特にありません」と答えると、先輩は血相を変え、「今すぐこのクルマを降りろ」と言って、橋の上でM君を降ろしてしまった。M君は後から来たトラックに乗せてもらい事なきを得たが、それ以後、得意先から飲みの席で「何か面白い話はない?」と訊かれると、この話で大受けをとることができた。

そこで初めてM君は、先輩が自分に「面白い話」を与えてくれたのだと気づいたそうである。

あとがき

土壇場で人を動かすのは「情」である

話を若き日の秀吉のエピソードで始めたので、最後も若き日の秀吉のエピソードで締めくくろう。

1563年、信長の居城・清洲城《きよすじょう》の城壁が暴風雨で崩れたとき、秀吉（当時は木下藤吉郎・27歳）は、前任者が20日かけてもまったく進まなかった城壁の修築工事を「自分なら3日でやってみせる」と信長に申し出て、まず人夫たちを集めて酒盛りを開き、みんなが酔いも回っていい気持ちになったところで、彼らに城壁修築の緊急性を説き、「国を守るためにはおまえたちの力が必要なのだ」と頭を下げ、見事、3日間で工事を完成させたという。

この話で思い出されるのが、東日本大震災による福島第一原発の水素爆発の後、東京電力に乗り込んで幹部たちを怒鳴りつけ、「原発から撤退したら東電は潰れる」と恫喝《どうかつ》した菅直人である。

理屈から言えば、怒鳴られて当然の所業を繰り返していた東電幹部を怒鳴りつけた菅首相の行動は、間違ってはいなかったのだろう。だが、叱責や責任追及は、後でいくらでもできる。火急の目的は、原発事故の収拾だったはずである。

これが秀吉なら、東電に対してたとえどんなに腹を立てていたとしても、手土産に日本酒と肴《さかな》を持って行き、彼らと酒を酌《く》み交わしながら「おまえたちが頼りだ、頑張ってくれ」くらいのことは言ったに違いない。

「21世紀臨調」の特別顧問を務めた中坊公平が、こう言っている。

「人を動かすのは、正面の理、側面の情、背面の恐怖、の三つだ」

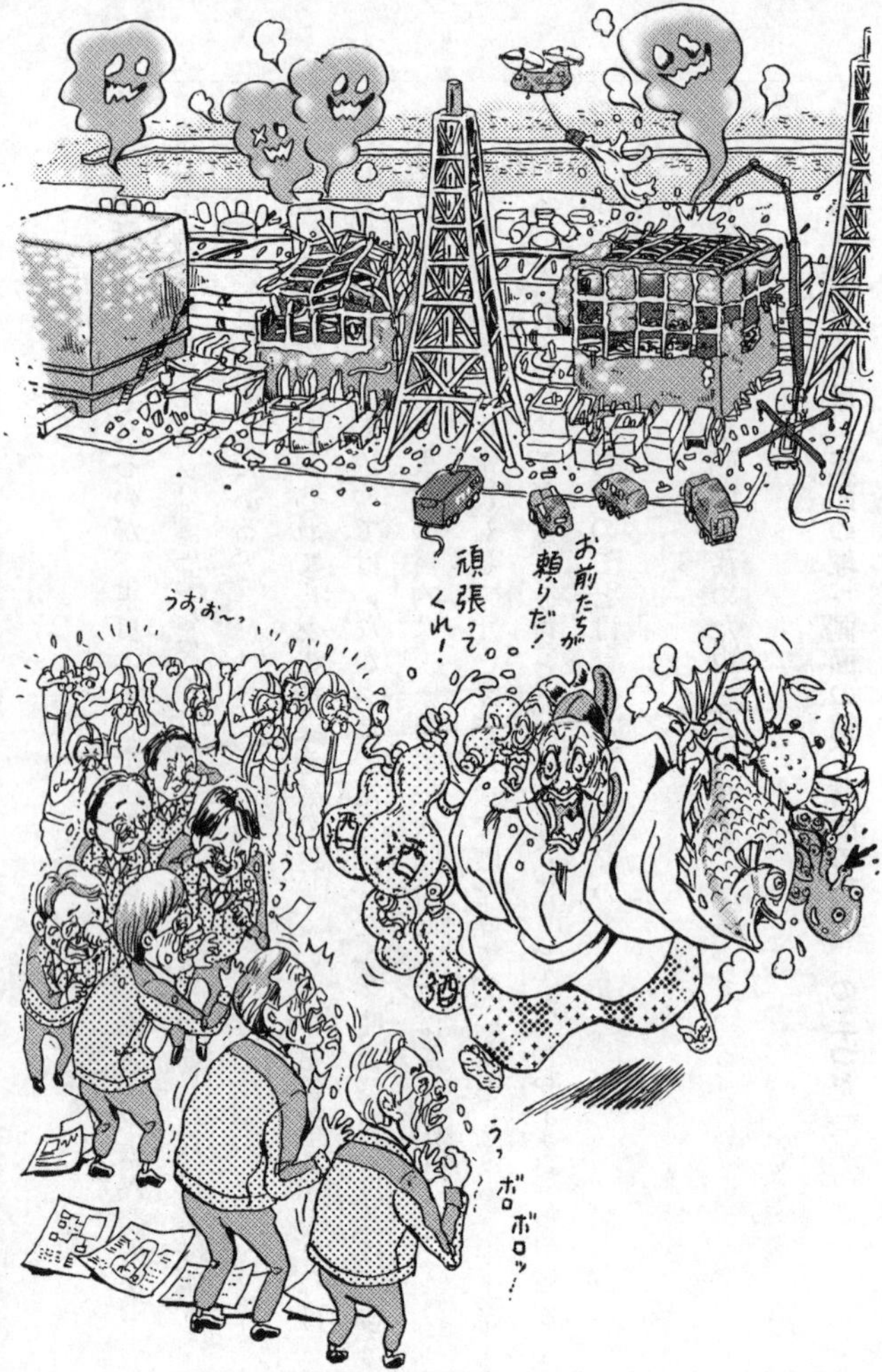
お前たちが頼りだ！
頑張ってくれ！
うおお〜っ
うっ
うっ
ボロボロッ…

筆者自身がそうであったように、人間、若い間は「正面の理」しか見えていないものだ。だが、実社会で経験を積むうちに、いつしか、人間を動かすのは、「理」よりもむしろ、多くの場合「情」や「恐怖」の方だということを思い知らされる。そして、その「情」を動かすための最短距離の方策が、本書が語ってきた「戦略おべっか」なのだ。

菅直人は、秀吉以来の「おべっか」で人を動かす政治手法を露骨に敵視してきた。田中角栄譲りの「気くばり」で政治を動かす小沢一郎を、政権の中心から遠ざけてきたのが、なによりの証拠だ。

たしかに、田中角栄や小沢一郎のような「おべっか」の政治には、「政治と金」の問題がつきまとう。そういった裏で「汚い金」が動き回る古い「情」の政治と決別し、「理」の通った透明性の高い政治を実現したいと考えた菅直人ら民主党の理想もよくわかるし、現に、2009年の総選挙では、国民の大多数が、その理想に同意して、民主党に一票を投じたものだ。

今にして思えば、菅直人の政権は、広告代理店に例えるなら、プランニング能力や調査能力といった「理」の部分は抜群だが、しばしば、それを実施する人を動かすための「気くばり」に欠ける博報堂の仕事ぶりに似ている気がする。

一方、田中角栄や小沢一郎に代表されるかつての自民党政治は、プランニングや調査といった「理」よりもむしろ、「気くばり」で人を動かし、ものごとを進めてきた電通の仕事ぶりに似ている。

2009年の総選挙のときの国民感情は、若い頃、電通のやり方は何かが間違っていると思っていた自分の感情と同じだったのではないだろうか。

平時ならば「理」も通ろうが、土壇場で人間を動かすのは、「情」の方だ。人間、いざとなれば、嫌いな人の言っている正しい理屈よりも、好きな人の言っている間違った理屈に従ってしまうものである。

国を左右する未曾有《みぞう》の危機に、日本人が、「理」だけの首相を選んでしまっていたことは、皮肉というほかはない。

本書で詳しく例を挙げて述べてきた「戦略気くばり」とは、得意先や上司に対し、自分に有利な判断を下させるため、「理」を超えて「情」に働きかけるための、具体的な方策である。

たとえ、具体的な方法は頭に残らなくても、人間、結局のところは、「情」だということさえ覚えていただければ、本書を読んだ甲斐はあろうというものだ。本書を完読されたあなたは、原発事故処理に直面しても、少なくとも菅直人よりは、よい結果を出せるはずである。

本書は、2012年に出版した『戦略おべっか』の、書名を変えての文庫化である。

２０００年代に日本を覆ったネット化の波は、広告業界を飲み込み、たちどころに新聞・雑誌・ラジオを過去のメディアに押しやり、広告費構成と専門用語を一新し、広告の方法のみならず営業の方法すらも変えた。多くの企業が仕事の電子化を推し進め、報告書や議事録はもとより、ちょっとした挨拶や連絡もメールで送ることが奨励されるようになった。陳腐な指摘だが、そのために、人と人が接するリアルな世界での「気づかい」に欠ける若い社員が大量に生まれることになった。そうした若い社員のみなさんに、諸先輩の涙ぐましい努力を知って貰おうというのが、本書の目的である。

プランニングや調査より「気くばり」のすすめ

さらに個人的な話をさせていただくなら、本書を書く直接のきっかけとなったのは、今から14年ほど前、オリエンタルランド元常務で、電通ＯＢの故・堀貞一郎さんと知り合い、ディズニーランド招致のいきさつを詳しく伺ったことだ。そのとき伺った話は、２００７年に出版した**『「エンタメ」の夜明け　ディズニーランドが日本に来た！』**（講談社）という本にまとめたが、この本を書いたことで、永年自分の胸の中でモヤモヤしていた「電通的なるもの」への嫌悪と憧れ、という二つの矛盾した気持ちが、ストンと腑に落ちた気がした。

それから、ことあるごとに、一緒に仕事をした電通の営業の人たちに、「何か上から教わった営業のノウハウってない？」と訊いて、メモるようになった。それをまとめたのが本書である。

だから、本書を書くに当たっては、おびただしい数の電通営業マンたちにインタビューをさせていただいた。文庫版の書名には「電通マン36人」とあるが、実際にはそれ以上の方に取材している。一人一人の名前を挙げることはしないが、この場を借りて心から御礼を申し上げたい。

その節は、本当にありがとうございました。

最後になるが、こんな本を書くと、書いた当人も「気くばり」の達人なのだろう、と勘違いされがちだが、ボク自身は、子供の頃から今に至るまで、気くばりとは無縁の人生を送ってきた無神経なオタクである。でも、だからこそ、電通マンたちの細かな気くばりに新鮮な驚きを覚え、その技術をリスペクトし、意図的に体系づけて学ぼうと思ったのだ。生まれつきの気くばり人間には、こんな本は到底書けない。ということは、「気くばり」なんかできなくても、飯は食っていけるということだ。周りから「空気が読めない」とか「無神経」とか言われているキミも、心配することはない。

ただし、自分は、飯は食っていけても、無神経さゆえ、「気くばり」の達人といわれる秋元康のような大儲けはできていない。それもまた現実である。

どうぞ

●本書は、二〇一二年七月に小社より単行本『戦略おべっか　どんな人でも、必ず成功する』として刊行されました。文庫化にあたり、一部を加筆・修正のうえ、改題しました。

ホイチョイ・プロダクションズ―広告業界を舞台にした「気まぐれコンセプト」でデビュー。著作の少ないことで知られ、主な著書は『見栄講座』(1983年)、『気まぐれコンセプト』(1984年)、『OTV』(1985年)、『極楽スキー』(1987年)、『東京いい店やれる店』(1994年)など。『気まぐれコンセプト クロニクル』(2007年)で小学館漫画賞特別賞受賞。『私をスキーに連れてって』『彼女が水着にきがえたら』『バブルへGO!!』などの映画でも知られる。

講談社+α文庫 電通《でんつう》マン36人《にん》に教《おそ》わった36通《とお》りの「鬼《おに》」気《き》くばり

ホイチョイ・プロダクションズ

2016年2月18日第1刷発行
2022年11月4日第11刷発行

発行者――鈴木章一
発行所――株式会社 講談社
東京都文京区音羽2-12-21 〒112-8001
電話 編集(03)5395-3522
販売(03)5395-4415
業務(03)5395-3615

デザイン――鈴木成一デザイン室
カバー印刷――凸版印刷株式会社
印刷――株式会社新藤慶昌堂
製本――株式会社国宝社

KODANSHA

落丁本・乱丁本は購入書店名を明記のうえ、小社業務あてにお送りください。
送料は小社負担にてお取り替えします。
なお、この本の内容についてのお問い合わせは
第一事業局企画部「+α文庫」あてにお願いいたします。
Printed in Japan ISBN978-4-06-281646-5
定価はカバーに表示してあります。

講談社＋α文庫 Ⓖビジネス・ノンフィクション

古代史謎めぐりの旅 神話から建国へ	関 裕二	古代への扉が開く！ 出雲の国譲り、邪馬台国、縄文、ヤマト建国のドラマを体験する旅へ	920円 G 211-8
古代史謎めぐりの旅 ヤマトから平安へ	関 裕二	古代を感じる旅はいかが？ ヤマトを感じる奈良、瀬戸内海、伊勢、東国、京都、大阪を楽しむ	920円 G 211-9
東大寺の暗号	関 裕二	「お水取り」とは何なのか？ ヒントを握るといわれる早良親王を、古代案内人・関裕二が語る	750円 G 211-10
「与える」より「引き出す」！ ユダヤ式「天才」教育のレシピ	アンドリュー・J・サター ユキコ・サター	アメリカのユダヤ人生徒は全員がトップクラスか天才肌。そんな子に育てる7つの秘訣	670円 G 212-1
同和と銀行 三菱東京UFJ〝汚れ役〟の黒い回顧録	森 功	超弩級ノンフィクション！ 初めて明かされる「同和のドン」とメガバンクの「蜜月」	820円 G 213-1
許永中 日本の闇を背負い続けた男	森 功	日本で最も恐れられ愛された男の悲劇。出版社に忌避され続けた原稿が語る驚愕のバブル史！	960円 G 213-2
大阪府警暴力団担当刑事 捜査秘録を開封する	森 功	吉本興業、山口組……底知れない関西地下社会のドス黒い闇の沼に敢然と踏み込む傑作ルポ	760円 G 213-3
時代考証家に学ぶ時代劇の裏側	山田順子	時代劇を面白く観るための歴史の基礎知識、知って楽しいうんちく、制作の裏話が満載	686円 G 216-1
消えた駅名 駅名改称の裏に隠された謎と秘密	今尾恵介	鉄道界のカリスマが読み解く、八戸、銀座、難波、下関など様々な駅名改称の真相！	724円 G 218-1
地図が隠した「暗号」	今尾恵介	東京はなぜ首都になれたのか？ 古今東西の地図から、隠された歴史やお国事情を読み解く	750円 G 218-2

＊印は書き下ろし・オリジナル作品

表示価格はすべて本体価格（税別）です。本体価格は変更することがあります

講談社+α文庫 Ⓖビジネス・ノンフィクション

ロべた・あがり症のダメ営業が全国トップセールスマンになれた「話し方」 菊原智明
できる人、好かれる人の話し方を徹底研究し、そこから導き出した66のルールを伝授！
700円 G 249-1

小惑星探査機 はやぶさの大冒険 山根一眞
日本人の技術力と努力がもたらした奇跡。「はやぶさ」の宇宙の旅を描いたベストセラー
920円 G 250-1

「売れない時代」に売りまくる！ 超実践的「戦略思考」 筏井哲治
PDCAはもう古い！ どんな仕事でも、どんな職場でも、本当に使える、論理的思考術
700円 G 251-1

〝お金〟から見る現代アート 小山登美夫
「なぜこの絵がこんなに高額なの？」一流ギャラリストが語る、現代アートとお金の関係
720円 G 252-1

仕事は名刺と書類にさせなさい 「目立つが勝ち」のバカ売れ営業術 中山マコト
一瞬で「頼りになるやつ」と思わせる！ 売り込まなくても仕事の依頼がどんどんくる！
690円 G 253-1

女性社員に支持されるできる上司の働き方 藤井佐和子
日本一「働く女性の本音」を知るキャリアカウンセラーが教える、女性社員との仕事の仕方
690円 G 254-1

武士の娘 日米の架け橋となった鉞子《えつこ》とフローレンス 内田義雄
世界的ベストセラー『武士の娘』の著者・杉本鉞子と協力者フローレンスの友情物語
840円 G 255-1

誰も戦争を教えられない 古市憲寿
社会学者が丹念なフィールドワークとともに考察した「戦争」と「記憶」の現場をたどる旅
850円 G 256-1

絶望の国の幸福な若者たち 古市憲寿
「なんとなく幸せ」な若者たちの実像とは？ メディアを席巻し続ける若き論客の代表作！
780円 G 256-2

今起きていることの本当の意味がわかる **戦後日本史** 福井紳一
歴史を見ることは現在を見ることだ！ 伝説の駿台予備学校講義「戦後日本史」を再現！
920円 G 257-1

＊印は書き下ろし・オリジナル作品

表示価格はすべて本体価格（税別）です。本体価格は変更することがあります

講談社+α文庫 Ⓖビジネス・ノンフィクション

書名	著者	内容	価格	番号
しんがり 山一證券 最後の12人	清武英利	'97年、山一證券の破綻時に最後まで闘った社員たちの物語。講談社ノンフィクション賞受賞作	900円	G 258-1
日本をダメにしたB層の研究	適菜 収	いつから日本はこんなにダメになったのか? ——「騙され続けるB層」の解体新書	630円	G 259-1
Steve Jobs スティーブ・ジョブズ I	ウォルター・アイザックソン 井口耕二 訳	あの公式伝記が文庫版に。第1巻は幼少期、アップル創設と追放、ピクサーでの日々を描く	850円	G 260-1
Steve Jobs スティーブ・ジョブズ II	ウォルター・アイザックソン 井口耕二 訳	アップルの復活、iPhoneやiPadの誕生、最期の日々を描いた終章も新たに収録	850円	G 260-2
ソトニ 警視庁公安部外事二課 シリーズ1 背乗《はいの》り	竹内 明	狡猾な中国工作員と迎え撃つ公安捜査チームの死闘。国際諜報戦の全貌を描くミステリ	800円	G 261-1
完全秘匿 警察庁長官狙撃事件	竹内 明	初動捜査の失敗、刑事・公安の対立、日本警察史上最悪の失態はかくして起こった!	880円	G 261-2
モチベーション3・0 持続する「やる気!《ドライブ!》」をいかに引き出すか	ダニエル・ピンク 大前研一 訳	人生を高める新発想は、自発的な動機づけ! 組織を、人を動かす新感覚ビジネス理論	820円	G 263-1
ネットと愛国	安田浩一	現代が生んだレイシスト集団の実態に迫る。反ヘイト運動が隆盛する契機となった名作	900円	G 264-1
モンスター 尼崎連続殺人事件の真実	一橋文哉	自殺した主犯・角田美代子が遺したノートに綴られた衝撃の真実が明かす「事件の全貌」	720円	G 265-1
アメリカは日本経済の復活を知っている	浜田宏一	ノーベル賞に最も近い経済学の巨人が辿り着いた真理! 20万部のベストセラーが文庫に	720円	G 267-1

＊印は書き下ろし・オリジナル作品

表示価格はすべて本体価格(税別)です。本体価格は変更することがあります